BEI GRIN MACHT SICH IHR WISSEN BEZAHLT

AF151835

- Wir veröffentlichen Ihre Hausarbeit,
  Bachelor- und Masterarbeit

- Ihr eigenes eBook und Buch -
  weltweit in allen wichtigen Shops

- Verdienen Sie an jedem Verkauf

Jetzt bei www.GRIN.com hochladen und kostenlos publizieren

Bibliografische Information der Deutschen Nationalbibliothek:

Die Deutsche Bibliothek verzeichnet diese Publikation in der Deutschen National-bibliografie; detaillierte bibliografische Daten sind im Internet über http://dnb.d-nb.de/ abrufbar.

Impressum:

Copyright © 2014 GRIN Verlag, Open Publishing GmbH
Druck und Bindung: Books on Demand GmbH, Norderstedt Germany
ISBN: 978-3-656-86563-6

Dieses Buch bei GRIN:

http://www.grin.com/de/e-book/285930/gedichtanalyse-und-vergleich-von-der-spinnerin-nachtlied-und-bei-den

M. Huober

Gedichtanalyse und Vergleich von "Der Spinnerin Nachtlied" und "Bei den weißen Stiefmütterchen"

Mit Epochen- und Dichterbeschreibung

GRIN Verlag

GRIN - Your knowledge has value

Der GRIN Verlag publiziert seit 1998 wissenschaftliche Arbeiten von Studenten, Hochschullehrern und anderen Akademikern als eBook und gedrucktes Buch. Die Verlagswebsite www.grin.com ist die ideale Plattform zur Veröffentlichung von Hausarbeiten, Abschlussarbeiten, wissenschaftlichen Aufsätzen, Dissertationen und Fachbüchern.

Besuchen Sie uns im Internet:

http://www.grin.com/

http://www.facebook.com/grincom

http://www.twitter.com/grin_com

Gedichtanalyse

mit

Epochen und Dichterbeschreibung

Schriftliche Ausarbeitung im Rahmen der

„Gleichwertigen Feststellung von Schülerleistungen"

Inhaltsverzeichnis

Epochenbeschreibung Romantik (1798-1835)

Begriff:
Der Begriff Romantik stammt aus dem altfranzösischen „romanz/romant" und bedeutet, im 18. Jahrhundert noch im negativen Sinne, unwirklich oder überspannt. Erst später wandelt der Begriff sich zum Positiven der neuen Lebenseinstellung. Damit grenzt sich die Romantik von der noch übertrieben rationalen Weltansicht, die zur Zeit der Aufklärung und Klassik bestand ab. In diesen Epochen versuchten die Dichter als auch die Menschen, Gefühle und den Verstand klar zu trennen.

Zeitgeschichtliche Rahmenbedingungen:
In der Zeit der Romantik kommt es zu starken politischen Bewegungen und Veränderungen in Europa. Beginnend mit dem Aufstieg und Fall Napoleons, über die Restauration und dem damit einhergehenden Wiener Kongress (1815), bis hin zu der liberal-demokratischen Unabhängigkeitsbewegung in der Mitte des 19. Jahrhunderts.

Entwicklung der Romantik:
Die Romantik kann in drei Unterepochen eingeteilt werden, die sich aus den Zentren ergeben haben an denen sich viele Dichter trafen um sich auszutauschen
1. Frühromantik/Jenaer Romantik (1798-1804)
   Dies ergibt sich vor allem aus den Treffen von Friedrich Schlegel und den Brüdern Tieck in Jena.
2. Hochromantik/Heidelberger Romantik (1804-1808)
   Viele Autoren treffen sich mit Achim von Arnim und Clemens Brentano in Heidelberg.
3. Spätromantik /Berliner Romantik (1808-1835)
   Der örtliche Schwerpunkt verlagert sich nach Berlin, wo Joachim von Eichendorff und E.T.A (Ernst Theodor Amadeus) Hoffmann wesentliche Vertreter sind. [1]

Wesentliche Merkmale:
Ein wesentliches Merkmal ist die Verwendung von Symbolen der Natur. Wesentliches Merkmal ist hier die blaue Blume als Verbindung von Natur, Mensch und Geist. Die Dichter wollen durch die Gedichte ihre Stimmung oder Gefühle ausdrücken. Es wird oft das Thema einer unerfüllten Liebe aufgegriffen. Damit einhergehend tritt ebenfalls immer wieder die Todessehnsucht als Motiv des lyrischen Ichs auf.
Es wird weiterhin öfters ein Bezug und Verherrlichung zum Mittelalter genommen. Die Dichter sind geprägt von der Idee, dass der Mensch und die Welt von einem letzten Grund, also einem Absoluten abhängig sind. Dies kann jedoch nur indirekt gezeigt werden. Damit wendet sich die Romantik wieder religiösen Denkformen zu.
Als weiteres Merkmal steht der volksliedhafte Ton und Musikalität in der Sprache. Dabei werden volksliedhafte Schlichtheit und bewusste Kunstfertigkeit vermischt. Dies wird durch die Verwendung eines regelmäßigen Metrums oder eines durchgehenden Reimschemas deutlich. [2]

---

[1] Fit für Abi: Oberstufenwissen Deutsch, Schroedel Verlag, Erscheinungsjahr: 2012
[2] http://www.schule-
bw.de/unterricht/faecher/deutsch/unterrichtseinheiten/lyrik/liebeslyrik/epochen.pdf

Der Dichter Clemens Brentano

*9.9.1778 in Ehrenbreitstein, †28.7.1842 in Aschaffenburg

Clemens Brentano ist der zweite Sohn einer Frankfurter Kaufmannsfamilie. Nach dem Abbruch einer kaufmännischen Lehre, fing er zuerst an Bergwissenschaften zu studieren und später begann er in Jena ein Medizinstudium. Jedoch widmete er sich lieber dem Schreiben anstelle des Studiums. In Jena lernte er unter anderem Friedrich Schlegel und Johann Wolfgang von Goethe kennen. Zu dieser Zeit schrieb er seinen Roman „Gowdi", indem auch bekannte Gedichte Brentanos vorhanden sind.

1802 lernte er während eines Philosophiestudium in Göttingen Achim von Arnim kennen. Durch die Freundschaft der beiden Dichter entstand die Volksliedsammlung „Des Knaben Wunderhorn" (1808). Diese Sammlung von Gedichten gilt als inhaltlicher und formaler Orientierungspunkt der volksliedhaften romantischen Dichtung.

In seinem Leben hatte er mehrere Frauen und reiste sehr viel. Mit seiner ersten Frau, der 8 Jahre ältere Sophie Mereau, hatte er drei Kinder, die jedoch alle schon in frühen Jahren verstorben sind. Nach weiteren gescheiterten Beziehungen bekannte sich Brentano zum katholischen Glauben und schrieb 16 000 Seiten über die Visionen der Nonne Anna Katharina Emmerick. Mit 63 Jahren starb Clemens Brentano im Haus seines Bruders.

Viele seiner Werke wurden erst nach seinem Tod veröffentlicht. [3]

---

[3] http://www.dieterwunderlich.de/Clemens_Brentano.htm

Epochenbeschreibung Moderne Lyrik (ab 1945)

Zeitgenössischer Bezug

Eine genaue Zeitangabe, wann die Moderne angefangen hat, lässt sich nicht sagen. Jedoch gilt das Ende des zweiten Weltkriegs, genauer die am 8.Mai 1945 entstandene „Stunde Null", als prägnanter Einschnitt in die neue Epoche und langt bis in die Gegenwart. Die Welt lag nach dem 2. Weltkrieg in Trümmern und die Menschen, so auch die Dichter, nutzen dies als Neuanfang. [4]

Wesentliche Merkmale:

Der Autor Hugo Friedrich, ein bedeutender Dichter der Moderne, sagte einmal:„ Dichtung kannte schon immer Augenblicke, in denen der Vers sich zu einer Eigenmacht des Tönens hob, die zwingender wirkt als sein Gehalt. (...) Doch hat älteres Dichten in solchen Fällen nie den Gehalt preisgegeben, eher danach getrachtet, ihn eben durch die Klangdominante in seiner Bedeutung zu steigern." [5]

Damit möchte er Aussagen, dass die Form von Gedichten sagt in der Zeit der Moderne immer mehr über das Gedicht aus. Jedoch ist die Sprache oftmals verschachtelt und etwas verfremdet, sodass das Verstehen und die daraus resultierende Deutung erschwert werden.

Ein weiteres Merkmal wodurch sich diese Epoche von andere abgrenzt ist der „Traditionsbruch". Darunter versteht man eine oftmals radikale Abweichung von der Dichtung anderer Epochen, vor allem der Klassik und der Romantik. Die Situationen, in denen die Gedichte spielen sind ebenfalls wie die Sprache oftmals an dem Alltäglichen orientiert.

Weitere Besonderheiten ist der Verzicht auf Reim, Metrum und Strophen. Die Sätze werden oftmals nicht vollendet oder sehr verknappt (Neologismen). Es werden außerdem viele Metaphern verwendet, welche oftmals mehrdeutig gedeutet werden können.

Die Dichterin Sarah Kirsch

*16.04.1935 in Limlingerode/Südharz, † 5.05.2013 in Heide

Sarah Kirsch wird unter dem Namen Ingrid Hella Irmelinde Bernstein geboren. Nach dem Abitur macht Sie eine Lehre zur Forstwirtschafterin, die sie jedoch abbricht. Später studiert sie Biologie und Lyrik. 1958 lernt sie den Lyriker Rainer Kirsch kennen, mit dem sie auch verheiratet war und in der DDR lebte. Zusammen veröffentlichen sie den Lyrikband „Gespräch mit dem Saurier", In ihren Werken gab sie sich jedoch das Pseudonym „Sarah", als Protest gegen den Antisemitismus zur Zeit des 2. Weltkriegs. Nach der Scheidung von Rainer Kirsch veröffentlicht sie noch viele weitere Werke, deren Schwerpunkte auf der Natur und der Liebe liegen. Neben Lyrik schrieb sie auch Kurzprosa. Nach kurzer, schwerer Krankheit stirbt die geborene Ingrid Bernstein mit 78 Jahren in Heide.[6]

---

[4] Kompakt-Wissen Deutsch Literaturgeschichte, Stark Verlag, EJ:
[5] Hugo Friedrich, Die Struktur der modernen Lyrik, Hamburg 1970, 3. Aufl. der erweiterten Neuausgabe S. 50
[6] http://www.hdg.de/lemo/biografie/sarah-kirsch.html

Zu behandelnde Gedichte

Der Spinnerin Nachtlied (1802)	**Bei den weißen Stiefmütterchen (1967)**

Es sang vor langen Jahren
Wohl auch die Nachtigall,
Das war wohl süßer Schall,
Da wir zusammen waren.

Ich sing und kann nicht weinen,
Und spinne so allein
Den Faden klar und rein,
So lang der Mond wird scheinen.

Da wir zusammen waren,
Da sang die Nachtigall,
Nun mahnet mich ihr Schall,
Daß du von mir gefahren.

So oft der Mond mag scheinen,
Gedenk ich dein allein,
Mein Herz ist klar und rein,
Gott wolle uns vereinen.

Seit du von mir gefahren,
Singt stets die Nachtigall,
Ich denk bei ihrem Schall,
Wie wir zusammen waren.

Gott wolle uns vereinen,
Hier spinn ich so allein,
Der Mond scheint klar und rein,
Ich sing und möchte weinen! [8]

Bei den weißen Stiefmütterchen
Im Park wie er´s mir auftrug
Stehe ich unter der Weide
Ungekämmte Alte blattlos
Siehst du sagt sie er kommt nicht

Ach sage ich er hat sich den Fuß gebrochen
Eine Gräte verschluckt, eine Straße
Wurde plötzlich verlegt oder
Er kann seiner Frau nicht entkommen
Viele Dinge hindern uns Menschen

Die Weide wiegt sich und knarrt
Kann auch sein er ist schon tot
Sah blaß als er dich untern Mantel küßte
Kann sein Weide kann sein
So wollen wir hoffen er liebt mich nicht mehr [7]

---

[7] http://www.biblioforum.de/forum/read.php?2,1423,1438
[8] http://de.wikipedia.org/wiki/Der_Spinnerin_Nachtlied

Gedichtanalyse „Der Spinnerin Nachtlied" (1802)

Das Gedicht „Der Spinnerin Nachtlied" wurde im Jahre 1802 von Clemens Brentano verfasst, jedoch erst einige Jahre später 1818 veröffentlicht. Das Gedicht stammt somit aus der Zeit der Frühromantik. In dem vorliegenden Gedicht geht es um ein weibliches lyrisches Ich, welches um seine verflossene Liebe trauert und noch starke Sehnsucht nach dieser Liebe hat.

Aufbau und Reimschema

Das gesamte Gedicht ist in einfachen Sätzen und Sprache geschrieben, wobei jede Strophe als ein einzelner Satz gesehen werden kann. Dies führt zu einer leichten Verständlichkeit des Gedichts, wonach man schnell den wesentlichen Inhalt verstanden hat.

Der lyrische Text kann zur Gedichtsform des Volksliedes gezählt werden, da er zum einen eine typische Liedform aufweist, durch stetige Wiederholungen des gesagten, wie in einem Refrain eines Liedes. Zum anderen werden leicht verständliche Themen behandelt, die von jedem nachempfunden werden können, wie hier der Trennungsschmerz und die Sehnsucht nach der gescheiterten Liebe. Der Aufbau des Gedichts lässt ebenfalls auf die Form des Volksliedes zurückgreifen. Es ist aufgeteilt in sechs Strophen mit jeweils vier Versen.

Das Reimschema besteht aus umarmenden Reimen, wobei sich die geraden bzw. ungeraden Strophen ebenfalls untereinander reimen. So besteht das Reimschema der ungeraden Strophen 1,3,5 aus abba, die geraden Strophen 2,4,6 haben das Schema cddc. Eine Besonderheit in den letzten Worten der Strophen liegt in den Vokalen. Bei den ungeraden Strophen besitzen die reimenden Wörter immer a-Vokale, hingegen besitzen die Endreime der geraden Strophen ei-Vokale.

Alle Verse bestehen aus regelmäßigen, dreihebigen Jamben, welche zum Gefühl der Ruhe und Regelmäßigkeit beitragen, genau wie sich das Reimschema ebenfalls durch das gesamte Gedicht regelmäßig durchzieht. Jedoch wird dadurch auch die pausenlose Sehnsucht des lyrischen Ichs deutlich. Die erste Strophe ist somit wie folgt aufgebaut: (Die kursiv gedruckten Silben werden betont, die Striche über den Worten zeigen die Silben.)

> Es *sang* vor *lang*en *Jah*ren (7)
> Wohl *auch* die *Nach*tigall, (6)
> Das *war* wohl *süß*er *Schall*, (6)
> Da *wir* zu*sam*men *war*en. (7)

Auch bei den Silben lassen sich Regelmäßigkeiten erkennen. Jeweils der erste und letzte Vers jeder Strophe haben 7 Silben und haben somit einen weiblichen Verschluss. Der zweite und dritte Vers jeder Strophe hat 6 Silben, also hat die letzte Silbe eine Hebung und somit liegt ein männlicher/stumpfer Verschluss vor.

Anwendung der Zeit

Eine weitere Auffälligkeit in dem Aufbau des Gedichts, ist die speziell angewendete Zeit. Hier unterscheidet Clemens Brentano erneut zwischen geraden und ungeraden Strophen. Die ungeraden Strophen sind in der Vergangenheit verfasst. Darin erinnert sich das lyrische Ich immer wieder an ihren ehemaligen Partner und ihre Liebe zu ihm. Im

Gegensatz dazu stehen die geraden Strophen im Präsens, hier stehen die Gefühle der Liebe, Sehnsucht und das Verlangen nach neuer Liebe im Vordergrund. Diese Strophen beschreiben somit die momentane Situation des lyrischen Ichs. Außerdem wird das Thema des letzten Satzes im darauffolgenden Abschnitt wieder aufgegriffen, mit einer Wiederholung des gesagten. Beispielsweise wird in Zeile 4 „Da wir zusammen waren.", in Zeile 9 wieder aufgefasst „Als wir zusammen waren". In Zeile 16 und 21 mit dem Satz „Gott wolle uns vereinen" und in Zeile 8 „So lang der Mond mag scheinen", befindet sich eine Besonderheit, da dies ein Ausblick in die Zukunft darstellt. Das lyrische Ich hat ein solches Verlangen nach ihrem Geliebten, dass sie glaubt und hofft, dass Gott als transzendente Macht sie wieder vereinen kann. Dieses Motiv der Todessehnsucht des lyrischen Ichs ist charakteristisch für die Epoche der Romantik.

Rhetorische Mittel

Der Begriff „Gott" kann als Schlüsselbegriff dienen im Hinblick auf die Verbindung der wesentlichen Merkmale der Romantik mit dem vorliegenden Gedicht. Wie vorhin schon erwähnt, wenden sich die Menschen und Dichter zur Zeit der Romantik wieder religiösen Denkweisen zu. So auch Brentano, der sich im Laufe seines Lebens dem Katholizismus zugewandt hat. Ein weiteres Motiv, welches die Epoche der Romantik charakterisiert, ist die Natur. Gleich in der ersten Strophe gibt es hierzu ein Symbol, die Nachtigall. Diese steht für die damals erfüllte Liebe. Die Worte „vor langen Jahren" (Z.1) machen ebenfalls deutlich, dass die damals erfüllte Liebe schon lange Zeit vergangen ist. Das Symbol der Nachtigall zieht sich durch das gesamte Gedicht hindurch, so wird sie ebenfalls in Zeile 10 und 18 wiederholt. Das Symbol soll mit der Vergangenheit in Verbindung gebracht werden. Jedoch wird der Satz von Z.10 „Da sang die Nachtigall", also vom Präteritum in das Präsens umgewandelt. In Zeile 18 sagt das lyrische Ich, dass die Nachtigall noch singe. Dies zeigt dass die Liebe zwar vergangen ist, aber für das lyrische Ich hat die Liebe der beiden noch eine große Bedeutung,

Im Gegensatz dazu steht der Mond als Symbol der Einsamkeit aber auch der Sehnsucht (Z.8, 13,21). Der Mond steht immer im Zusammenhang mit der Gegenwart und verdeutlicht so, dass das lyrische Ich von den Gefühlen nicht loslassen kann. Die angesprochene Einsamkeit wird ebenfalls durch die mehrfache Verwendung des Adjektivs „allein" (Z.6, 14,22) verdeutlicht.

Das lyrische Ich kann die Trauer nicht verarbeiten, was mit dem Satz „Ich sing und kann nicht weinen" (Z.5) deutlich wird. Die Spinnerin ist noch so stark in Trauer und ein Verarbeitungsprozess mit dem Erlebten und Vergangenen hat noch nicht stattgefunden. Dies wird auch mit dem Symbol des „spinnens" deutlich. Das Spinnrad hat kein Ende wie die Liebe zu dem Partner. Die Spinnerin befindet sich in einer kontinuierlichen Bewegung, wie das Spinnrad auch, ohne ausbrechen zu können. Eine besondere Aufmerksamkeit sollte Z.12 zugetragen werden, da hier das lyrische Ich davon spricht, dass ihr Geliebter von ihr gefahren ist. Eine klare Aussage darüber, ob der Partner gestorben ist und somit ein Euphemismus vorliege, oder ob der Partner nur davon gegangen bzw. gefahren ist, wird nicht deutlich. Eine weitere Aussage wird im Gedicht nicht getätigt, so bleibt diese Frage unbeantwortet.

Auch in den restlichen Strophen kommen Wiederholungen von Satzteilen und ganzen Sätzen vor, wie beispielsweise die Wiederholung des Satzes „ …wir zusammen waren" (Z.20). Der letzte Vers „Ich sing und möchte weinen", ist ebenfalls eine Wiederholung von Z. 5 und ein verzweifelt wirkender Ausruf des lyrischen Ichs. Anfangs sagt das lyrische

Ich, das sie nicht weinen kann, zum Ende des Gedichts wird deutlich dass sie jedoch dies gerne tun möchte. Insgesamt lässt sich jedoch sagen, dass während des gesamten Gedichts keine inhaltliche Entwicklung stattfindet, sondern die Trauer und die Sehnsucht nach dem Partner noch bestehen bleiben.

Gedichtanalyse: „ Bei den weißen Stiefmütterchen"

Das vorliegende Gedicht wurde im Jahr 1968 von Sarah Kirsch verfasst. Das Gedicht handelt von einer Frau als lyrisches Ich welches vergeblich auf die Ankunft ihres Geliebten wartet. Dadurch fängt sie an, mit einer Weide über die Gründe über das Wegbleiben zu sprechen.

Inhalt und Aufbau

Das Gedicht „Bei den weißen Stiefmütterchen" ist in 3 Strophen aufgeteilt, mit jeweils 5 Versen und ist fortlaufend im Präsens geschrieben. Jedoch bestimmen auch hier die Ausnahmen die Regel, so findet man in Zeile 2 und 13 Präteritum als Zeitform. Äußere Strukturen, die man bei Gedichten erwartet, wie ein Reimschema oder ein regelmäßiges Metrum, sucht man hier vergebens. Das Gedicht wurde in einer Alltagssprache geschrieben, die leicht verständlich sein sollte. Jedoch besitzt das Gedicht keine Satzzeichen, wodurch man das Gedicht genau lesen muss um es zu verstehen. Eine große Hilfe für das Verständnis des Gedichts ist die Einteilung der Strophen. Diese trennen den Inhalt wie bei einem Kurzprosatext in Sinnabschnitte ab.

In der ersten Strophe werden die Situation und der Ort des lyrischen Ichs beschrieben. Das lyrische Ich befindet sich in einem Park und wartet dort auf ihren Geliebten. Da dieser nicht erscheint, versucht die Frau Ausreden dafür zu finden, was in der zweiten Strophe beschrieben wird. In der letzten Strophe spricht das lyrische Ich mit einer Weide, die im Park steht, und kommt zu dem Entschluss, dass sie sich von ihrem Partner lösen muss um wieder glücklich zu werden.

Inhaltdeutung und Rhetorische Mittel

Das Gedicht beginnt mit denselben Worten, wie auch die Überschrift lautet: „Bei den weißen Stiefmütterchen". Liest man die Überschrift, denkt man im ersten Moment nicht an ein Liebesgedicht. Mit den Stiefmütterchen assoziiert man eher eine so benannte Pflanze, welche man oftmals auf Friedhöfen findet und damit einem Naturgedicht. Die Farbe Weiß steht als Symbol für Unschuld. Die Stiefmütterchen stehen metaphorisch gesehen für verlassene Menschen. Dies kann so gedeutet werden, dass die Frau verlassen wird, jedoch sich als unschuldig an dem Misslingen und Ende der Beziehung betrachtet. Das Treffen der beiden Geliebten soll in einem Park unter einer Weide stattfinden (Z.2). Der Park als Treffpunkt zweier Liebenden ist erstmal nichts Ungewöhnliches. Die Weide bzw. die auch gleich genannte Trauerweide und die Stiefmütterchen sind jedoch kein besonders beliebter und romantischer Ort für solch ein Treffen. Verständlicher wären ein Ort im Park mit Rosen oder einer Linde. Der Mann befiehlt dem lyrischen Ich, wo sie sich treffen. Diese folgt ihm willig, obwohl der Mann eine Ehefrau hat, welches in Zeile 9 nur beiläufig erwähnt wird. Das lyrische Ich ist also nur eine Affäre und wird von dem Geliebten zurückgelassen. Diese Affäre muss auch schon seit längerer Zeit bestehen, da sie sich sehr vertraut sind. Die Weide weiß auch über das Verhältnis der beiden Personen Bescheid, da sie in Z.5 sagt: „Siehst du (…) er kommt nicht". Außerdem sagt die Weide in der dritten Strophe, dass der Partner blass aussah, als sie sich küssten. Die Küsse können hier als Symbol von Zärtlichkeit und Sexualität gedeutet werden, was im Widerspruch zum Symbol der unschuldigen, verlassenen Frau steht (Z.1). Nachdem der Partner nicht erscheint, fängt das lyrische Ich an mit der Weide zu sprechen. Die Weide wird in Z.5 personifiziert indem sie sagt: „Siehst du er kommt nicht". Dadurch macht die Dichterin die enge Verbindung zwischen Natur und den Menschen deutlich. Die Weide kann aber auch als die Gefühlslage des lyrischen Ichs gesehen werden, da diese immer sagt, was das lyrische Ich im ersten Moment nicht wahr haben möchte. Die Weide projiziert also die Gedanken des lyrischen Ichs. Diesen Gedanken weicht das lyrische Ich jedoch aus und wehrt diese Gedanken mit der Interjektion „Ach sage ich..." in Z.6 ab. Anstelle der sofortigen Einsicht, fängt das lyrische Ich an Gründe zu suchen, warum der Geliebte nicht erscheint. Dazu steigert sie sich immer weiter hinein, was mit der Verwendung einer Klimax deutlich wird. Das lyrische Ich beginnt zuerst etwas harmlosere leicht verständliche Gründe für das Wegbleiben des Partners zu suchen. Doch von These zu These steigert sie sich immer weiter hinein, bis sie sogar die Behauptung aufstellt, dass der Partner auch tot sein könne (Z.12). Mit der Verallgemeinerung in Zeile 10 „Viele Dinge hindern uns Menschen" fasst das lyrische Ich die Beweggründe für das Wegbleiben zusammen und versucht die Situation zu beschönigen und den Partner in ein gutes Licht zu stellen.

Die dritte Strophe wird mit einer Alliteration begonnen: „Die Weide wiegt", was auf menschliches Verhalten bezogen werden kann, wenn Menschen beim Nachdenken mit ihrem Kopf nicken. Schließlich zeigt das lyrische Ich Einsicht und sagt in Zeile 14 „Kann sein Weide kann sein und beendet das vermeintliche Gespräch mit der Weide mit den Worten „wollen wir hoffen er liebt mich nicht mehr." (Z.15). Dieser letzte Vers ist für viele Leser zuerst sehr unverständlich. Man könnte meine, dass jeder Liebende auch Gegenliebe erhofft und eine unerwiderte Liebe nicht einfach weggesteckt werden kann. Trotz der gegenseitigen Liebe in der Vergangenheit, hofft das lyrische Ich, dass er sie nicht mehr liebt, anstelle ihm Böses (den Tod) zu wünschen. Damit verzichtet sie auf die Erwiderung ihrer Liebe zu der Person und erkennt, dass der Partner nicht seine Ehefrau für Sie verlassen würde. Die Aussage des lyrischen Ichs zeigt aber auch die veränderte Stellung der Frau in der Gesellschaft.

Wie Sarah Kirsch schon in einem Interview sagte: „Man muss nach vorne leben und nicht rückwärts", so lebt auch das lyrische Ich in dem Gedicht „Bei den weißen Stiefmütterchen." Das Gedicht thematisiert das Problem, dass Liebe nicht immer durch Gegenliebe erwidert wird oder, dass Liebe zweier Personen aus unterschiedlichen Perspektiven unterschiedlich wahrgenommen werden kann. Jedoch sollte man nach einer Trennung oder nach dem Verlassen eines Partners nicht in Selbstmitleid versinken, sondern man sollte sich von Altem lösen und nach vorne sehen, um eine neue Liebe und ein neues Leben zu finden.

Vergleich der Gedichte

Die beiden Gedichte stammen aus zwei verschiedenen Epochen die rund über 100 Jahre auseinander liegen. Daher lassen sich Unterschiede, aber auch Gemeinsamkeiten feststellen, die im Folgenden erörtert werden sollen.

Gemeinsamkeiten
- Protagonist: In beiden Gedichten ist eine Frau das lyrische Ich
- Situationsdarstellung: Das lyrische Ich richtet sich nicht direkt an den Mann, oder nennt diesen mit Namen, sondern lässt dies Verallgemeinert. Dadurch kann sich jeder Leser angesprochen fühlen.
- Thema: In beiden Werken werden die Trennung und die unerfüllte Liebe als Thema genauer betrachtet. Sowohl in dem Gedicht „Die Spinnerin der Nacht" als auch in dem Gedicht „Bei den weißen Stiefmütterchen" wurde das weibliche lyrische Ich von dem Geliebten verlassen. Beide Frauen haben Sehnsucht nach vollkommener Liebe. Das Thema ist dabei nicht abstrakt oder schwer verständlich, sondern kann von jedem nachempfunden werden.
- Merkmale der jeweiligen Epoche: Die Merkmale der jeweiligen Epoche sind bei beiden Gedichten klar erkennbar. So werden bei der Spinnerin Nachtlied die Natur, fließende Rhythmen und Reime, ein volksliedhafter Ton und das Motiv der Religiosität aufgegriffen. Im Gedicht „Bei den weißen Stiefmütterchen" findet man keine fließende Rhythmen oder ein regelmäßiges Metrum und es werden einige Metaphern verwendet wie die Stiefmütterchen für die unerfüllte Liebe und einen verlassenden Menschen. Weiterhin wird eine Verbindung zwischen Natur und Liebe hergestellt, was vor allem die Gedichte der Dichterin Sarah Kirsch charakterisiert.
- Motive: In beiden Gedichten wird ein Bezug zur Natur hergestellt. Bei „Der Spinnerin Nachtlied" sind dafür Symbole die Nachtigall und der Mond/Nacht für die gegenwärtige Einsamkeit. Sarah Kirsch verwendet das Symbol der (Trauer)weide um die wirklichen Gefühle des lyrischen Ichs zu symbolisieren.

Unterschiede
- Grund für die Trennung: Der Grund, warum das lyrische Ich alleine in der Nacht spinnt und trauert, wird nicht explizit genannt. In Zeile 12 spricht das lyrische zwar davon, dass der Partner davongefahren sei. Ob dieser gestorben ist oder das lyrische Ich nur verlassen hat, wird nicht genauer erörtert. Im Gegensatz dazu wurde das lyrische Ich im Gedicht „Bei den weißen Stiefmütterchen" von ihrem Partner verlassen, da dieser lieber bei seiner Ehefrau bleibt. Außerdem ist die Trennung bei Gedicht 1 schon einige Zeit vergangen, wohingegen bei Gedicht 2 das lyrische Ich im Moment des Schreibens bzw. Lesens sitzen gelassen wurde.
- Umgang mit der Trennung: Die Protagonisten gehen unterschiedlich mit der Trennung ihres Partners um. Während die Spinnerin bei Clemens Brentano keine Entwicklung oder einen Verarbeitungsprozess mit der Trauer über die verflossene Liebe zeigt, kommt das lyrische Ich von Sarah Kirsch zum Ende des Gedichts zu einer Einsicht. Das lyrische Ich merkt, dass es loslassen muss um wieder glücklich werden zu können.

- Aufbau: Brentanos Gedicht hat eine klare Struktur und Gliederung, wodurch es leichter ist es zu lesen und zu verstehen. Sarah Kirsch hingegen verwendet weder Reime, Metrum oder Satzzeichen. Dieser Punkt kann jedoch auch an den Merkmalen der verschiedenen Epochen liegen, wodurch sich das Gedicht charakterisiert.
Ein weiterer Unterschied, ist die Erzählperspektive der „Personen". Brentano schrieb sein Gedicht als reiner Monolog des lyrischen Ichs. Bei Sarah Kirsch findet man hingegen einen Dialog, welcher sich als Selbstgespräch des lyrischen Ichs enttarnt, da die Weide die Gefühle des lyrischen Ichs darstellen

- Sichtweise: Brentano beschreibt in seinem Gedicht die Sicht einer verlassenen Frau, also aus Sicht des anderen Geschlechts. Sarah Kirsch hingegen berichtet aus der Sicht desselben Geschlechts.

Quellenangaben

1. Gedruckte Quellen

Stefan Metzger: Kompakt-Wissen Deutsch, Literaturgeschichte. Kompakte, für Schüler konzipierte Darstellung der deutschen Literaturgeschichte zur Prüfungs- und Abitursvorbereitung. Starkverlag 2013

Friedrich Schardt und Thorsten Zimmer: Fit fürs Abitur. Oberstufenwissen Deutsch, die umfassende Vorbereitung für das Abitur, Schroedel Verlag 2012

Hugo Friedrich, Die Struktur der modernen Lyrik, Hamburg 1970, 3. Aufl. der erweiterten Neuausgabe S. 50

2. Internetadressen

http://www.schulebw.de/unterricht/faecher/deutsch/unterrichtseinheiten/lyrik/liebeslyrik/epochen.pdf

http://www.dieterwunderlich.de/Clemens_Brentano.htm

http://de.wikipedia.org/wiki/Der_Spinnerin_Nachtlied

http://lyrik.antikoerperchen.de/clemens-brentano-der-spinnerin nachtlied,textbearbeitung,141.html

http://www.biblioforum.de/forum/read.php?2,1423,1438

http://wiki.stadt-koeln.de/schulen/zentral/index.php?title=Moderne_Lyrik

http://www.hdg.de/lemo/biografie/sarah-kirsch.html

http://www.abiunity.de/thread.php?threadid=21897&sid=